Langenscheidt

Komm rein!

**Der Sprachkurs Deutsch für
Flüchtlinge und Asylsuchende**

von Gunhild Brössler

Langenscheidt

München · Wien

Herausgegeben von der Langenscheidt-Redaktion

Autorin: Gunhild Brössler
Design & Layout: Arndt Knieper, Gröbenzell
Bildredaktion: V. Latinović, Gröbenzell
Illustrationen: Katrin Merle, Berlin
Projektmanagement: Anja Dengler, Werkstatt München GbR
Umschlaggestaltung: KW43 BRANDDESIGN

Auf **www.langenscheidt.de/kommrein** steht Ihnen das kostenlose Zusatzangebot zu „Komm rein!" zur Verfügung. Sie finden hier die Lehrerhandreichungen sowie das Begleitheft als kostenlosen Download.

Das Begleitheft ist auch kostenpflichtig separat als Paket mit zehn Exemplaren erhältlich: ISBN 978-3-468-48971-6. Nähere Infos finden Sie im Buchhandel oder unter www.langenscheidt.de/kommrein.

Ergänzende Hinweise, für die wir jederzeit dankbar sind, bitten wir zu richten an:
Langenscheidt Verlag, Postfach 40 11 20, 80711 München
kundenservice@langenscheidt.de

www.langenscheidt.de

© 2016 Langenscheidt GmbH & Co. KG, München
Satz: Werkstatt München GbR
Druck und Bindung: Druckerei C. H. Beck, Nördlingen

ISBN 978-3-468-48970-9

16010

Inhalt

Komm rein!

Sie möchten Deutsch als Fremdsprache in einer Erstaufnahmeeinrichtung oder Gemeinschaftsunterkunft unterrichten? Dann übernehmen Sie eine wichtige Aufgabe: Sie vermitteln nicht nur erste deutsche Sprachkenntnisse, Sie sind auch ein Lotse, der die Menschen in die Gesellschaft in Deutschland einführt, ihnen eine landeskundliche Orientierung gibt, die neue Umgebung zeigt und auch wichtige Verhaltensregeln in Deutschland erklärt.

Dieses Lehrwerk ist die Weiterentwicklung meiner Erfahrungen aus dem Projekt „Komm rein! – Startprogramm für Flüchtlinge in Sprache und Alltag", einer Kooperation der Münchner Volkshochschule und der Stelle für interkulturelle Arbeit des Sozialreferats der Landeshauptstadt München. Wie können erste deutsche Sprachstrukturen in der speziellen Situation einer Erstaufnahmeeinrichtung vermittelt werden? Wie gelingt es, den Neuankömmlingen Orientierung im Alltag zu ermöglichen und gleichzeitig die interkulturelle Sensibilisierung zu fördern?

Das Konzept von „Komm rein!" bietet Lösungsansätze, um diese Herausforderungen zukünftig zu meistern.

Im Rahmen des Projekts „Komm rein!" gilt Frau Irene Ketterer besonderer Dank für ihren fachlichen Beitrag zum Thema interkulturelle Sensibilisierung.

Ziele des Lehrwerks

→ Entwicklung von interkultureller Kompetenz

Für eine nachhaltige gesellschaftliche Integration der Neuankömmlinge ist es wichtig, dass beide Seiten ein Verständnis für die Kultur des anderen entwickeln.

Deshalb wurden im Lehrwerk nicht nur Fotos aus Deutschland, sondern auch Bilder aus der Heimat der Asylsuchenden mit aufgenommen. So finden Sie universale Themenfelder, über die Sie sich mit den Teilnehmern auf Augenhöhe austauschen können: Wie begrüßt man sich z. B. in Afghanistan – wie in Deutschland? Wie kauft man in Nigeria ein – wie in Deutschland? Was bedeutet „Familie"? Dadurch erreichen wir die erste Stufe der interkulturellen Kompetenzentwicklung, die allgemeine Kultursensibilisierung: Das andere wird wahrgenommen, thematisiert und mit dem Heimatland verglichen. Nichts ist richtig, nichts ist falsch: Es ist überall anders.

→ Landeskundliche Informationen geben

Die Teilnehmer erhalten umfassende landeskundliche Informationen zum Leben in Deutschland. Die Sprachbausteine im Lehrbuch sind dabei als Einstieg in komplexe Themenfelder konzipiert und laden dazu ein, das Thema weiter zu intensivieren: In den Lehrerhandreichungen finden Sie Vertiefungsmöglichkeiten, z. B. die Arbeit mit authentischen Materialien oder Vorschläge für Exkursionen in die neue Umgebung. Durch die Offenheit dieses Konzepts können Sie den Unterricht immer wieder auf die Bedürfnisse der jeweiligen Teilnehmer zuschneiden.

→ Kontaktaufnahme üben

Wir möchten mit unserem Lehrwerk erreichen, dass die Teilnehmer einen ersten Sprachkontakt zu ihrem neuen Umfeld aufnehmen. Daher haben wir den Schwerpunkt auf das Sprechen gelegt. Lassen Sie die Teilnehmer im Unterricht zu Wort kommen und geben Sie ihnen immer wieder die Möglichkeit, die Sprache aktiv anzuwenden.

Bestandteile des Lehrwerks

Bei der Konzeption des Lehrwerks haben wir uns an den Rahmenbedingungen der Erstaufnahmeeinrichtung orientiert: hohe Fluktuation, fast täglich wechselnde Teilnehmer, heterogene Lerngruppen und unregelmäßige Teilnahme am Deutschkurs.

Das Lehrwerk besteht aus drei Teilen:

1 Das Lehrbuch für den Unterrichtsraum

Sie können es für die Erstaufnahme als Klassensatz bestellen, im Unterricht an die Teilnehmer ausgeben und nach dem Unterricht wieder einsammeln. In das Buch wird nicht hineingeschrieben, daher kann es immer wieder verwendet werden.

2 Das Begleitheft
(Kopiervorlage im Anhang)

Im Begleitheft im Anhang des Lehrbuchs finden Sie zu jeder Lektion eine Kopiervorlage, die Sie vor dem Unterricht kopieren und an die Teilnehmer austeilen können. Hier sind die Teilnehmer zum schriftlichen Arbeiten aufgefordert und können das im Unterricht Gelernte in Einzelarbeit vertiefen.

Das Begleitheft wird zusätzlich als kostenloser Download bereitgestellt. Darüber hinaus können Sie das Begleitheft auch als Paket von zehn gedruckten Exemplaren bestellen.

3 Die Lehrerhandreichung
(PDF zum Download)

Auf www.langenscheidt.de/kommrein finden sie die genaue Unterrichtsanleitung, die im Schritt-für-Schritt-Verfahren einen möglichen Unterrichtsverlauf jeder Lektion skizziert und zusätzlich viele Vorschläge für eine Vertiefung der Inhalte anbietet.

BEGLEITHEFT

Mithilfe der Kopiervorlage im Begleitheft können die Teilnehmer die neuen Wörter und Wendungen in ihre Muttersprache übersetzen.

Dadurch erarbeiten sie sich ein eigenes Glossar.

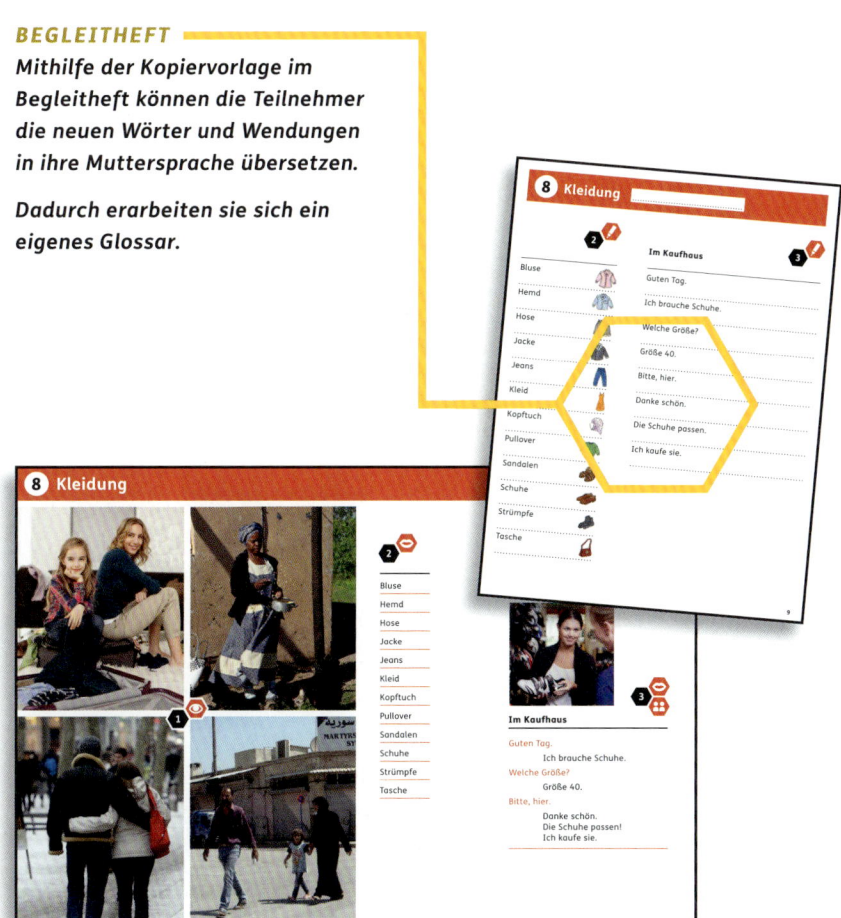

LEHRERHANDREICHUNG

Die Lehrerhandreichung vermittelt Ihnen eine Schritt-für-Schritt-Anleitung zu einer möglichen Unterrichtsgestaltung.

Mit zahlreichen Vorschlägen zur Vertiefung und Erweiterung der Inhalte.

Sie finden die Lehrerhandreichung als kostenlosen Download unter www.langenscheidt.de/kommrein

Wie unterrichte ich mit dem Lehrwerk?

Das Lehrwerk bietet in 20 Sprachbausteinen einen Einstieg in Themenfelder, die für den Alltag in der neuen Umgebung relevant sind. Sie können täglich entscheiden, mit welchem Thema Sie arbeiten möchten – das Lehrwerk arbeitet ohne Progression.

1 **Die Fotos im Lehrbuch** bieten als Einstieg ins Thema vielfältige Sprechanlässe. Wenn Englisch als gemeinsame Unterrichtssprache zur Verfügung steht, können Sie damit das Vorwissen aktivieren und die Wörter aus der Wortliste anhand der Bilder erklären. Aber auch ohne gemeinsame Sprache lassen sich die Wörter über die Bilder einführen. Und natürlich werden Ihnen die Teilnehmer auch das eine oder andere Foto aus ihrem Heimatland erklären, denn unser Ansatz heißt: voneinander lernen. Je nach Bedarf und Interesse der Teilnehmer können Sie das Wortfeld aus dem jeweiligen Themenbereich ausweiten und die neuen Begriffe zusätzlich an der Tafel notieren.

2 **Sprechen Sie die Wörter** vor, die Teilnehmer sprechen im Chor nach. In der Stillarbeitsphase übersetzen die Teilnehmer mithilfe der Kopie aus dem Begleitheft die neu gelernten Wörter in ihre Muttersprache und erarbeiten sich dadurch ihr eigenes Glossar. Hier erkennen Sie schnell die lerngewohnten und lernungewohnten Teilnehmer. Sie können mit den gewonnenen Informationen eine Einstufungsempfehlung für spätere Deutschkurse aussprechen.

3 **Im nächsten Schritt** werden die neu gelernten Wörter in kurzen sinnvollen Dialogen präsentiert. Denn das wichtigste Lernziel ist hier ein gelungener Sprachkontakt. Ermutigen Sie die Teilnehmer, die neuen Wörter in den Mund zu nehmen und in Interaktion zu treten und planen Sie sehr viel Zeit zum Üben ein. Das Klassenzimmer ist ein geschützter Raum, in dem die

 Betrachten Sie die Fotos gemeinsam mit den Teilnehmern.

 Sprechen Sie die Begriffe laut vor, die Teilnehmer sprechen im Chor nach.

 Üben Sie den Dialog zusammen mit den Teilnehmern ein und spielen sie ihn gemeinsam vor.

 Die Teilnehmer übersetzen die neuen Wörter und Sätze in Stillarbeit in ihre jeweilige Muttersprache.

1

FOTOS

aus dem deutschsprachigen Raum und aus den Herkunftsländern bieten vielfältige Sprechanlässe und Gelegenheit für ein Lernen voneinander und miteinander.

Anhand der Fotos können Sie das Vorwissen der Teilnehmer aktivieren und die Wörter aus der Wortliste erklären.

7 Einkaufen

20

Teilnehmer zum ersten Mal die neuen Dialogsituationen ausprobieren können.

Die Teilnehmer spielen die Dialoge anschließend auch in Ihrer Muttersprache vor. Hier geht es darum, kulturspezifische Unterschiede bewusst zu machen: Was läuft im Gespräch auf nonverbaler Ebene ab? Wie gehen die Menschen in anderen Ländern miteinander um? Beobachten Sie gemeinsam mit den Teilnehmern die jeweiligen Kommunikationsabläufe und diskutieren Sie darüber.

Nach dem Dialog schließt sich wieder eine Stillarbeitsphase an: Die Teilnehmer übersetzen die neuen Redemittel in ihre Muttersprache und erarbeiten so auch hier wieder ihr eigenes Glossar.

→ Im Anschluss daran können Sie das Thema vertiefen: Bringen Sie authentisches Material mit (z. B. Fahrpläne aus der Umgebung, Wohnungsanzeigen, Supermarktprospekte, Stadtpläne usw.) oder geben Sie umfassende landeskundliche Informationen zu den einzelnen Themenbereichen: In den Lehrerhandreichungen geben wir dazu ausführliche Zusatzinformationen.

Grammatik kontrastiv

Während die Grammatikvermittlung in den Sprachbausteinen im Hintergrund bleibt, finden Sie in den letzten acht Lektionen erste grundlegende Grammatikschwerpunkte. Wir haben uns darauf konzentriert, die Regelmäßigkeiten zu betonen und nicht gleich die Ausnahmen zu präsentieren. Damit ermöglichen wir den Teilnehmern von Anfang an, korrekte Sprachhandlungen durchzuführen und vermitteln ihnen ein Erfolgserlebnis. Viele Teilnehmer erlernen zum ersten Mal eine Fremdsprache und haben bisher nur wenig über ihr eigenes Sprachsystem reflektiert. Durch den Sprachvergleich werden sie aufgefordert, über Strukturen in ihrer Muttersprache nachzudenken. Gleichzeitig werden dabei grammatische Grundbegriffe vermittelt, die den Einstieg in spätere Integrationskurse vorentlastet.

Viel Spaß und Erfolg beim Deutschunterricht wünscht Ihnen die Autorin Gunhild Brössler und Ihre Langenscheidt-Redaktion.

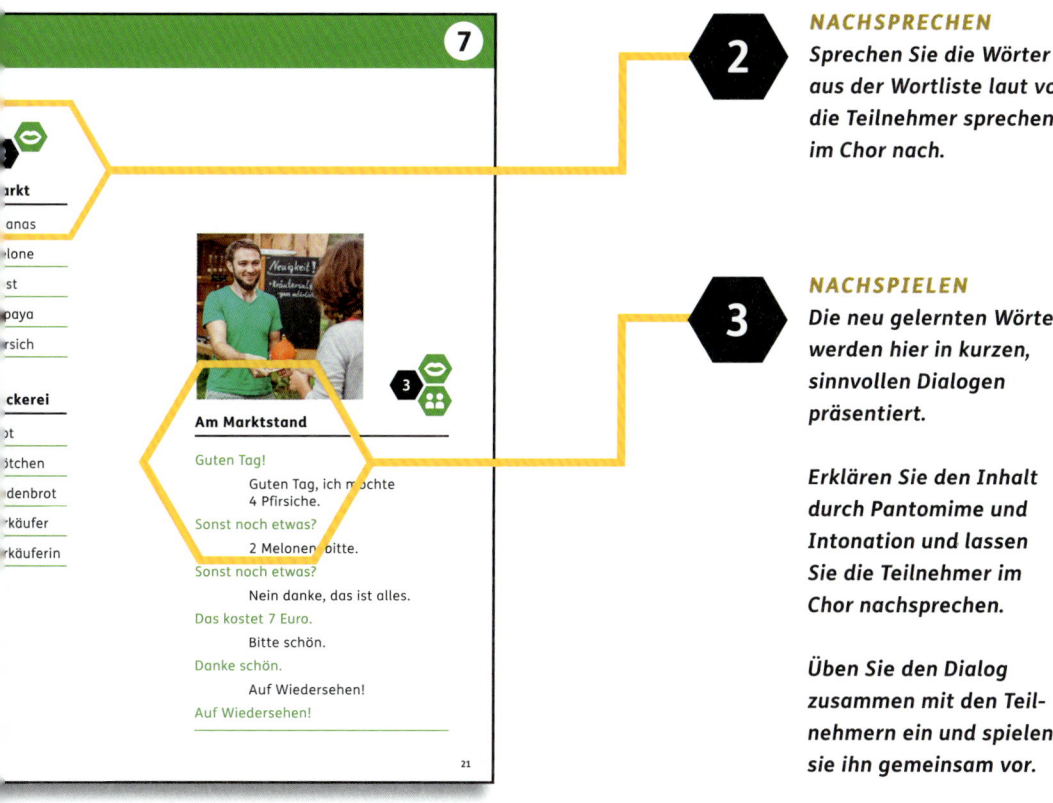

2 NACHSPRECHEN
Sprechen Sie die Wörter aus der Wortliste laut vor, die Teilnehmer sprechen im Chor nach.

3 NACHSPIELEN
Die neu gelernten Wörter werden hier in kurzen, sinnvollen Dialogen präsentiert.

Erklären Sie den Inhalt durch Pantomime und Intonation und lassen Sie die Teilnehmer im Chor nachsprechen.

Üben Sie den Dialog zusammen mit den Teilnehmern ein und spielen sie ihn gemeinsam vor.

2 👄

A a a	**A**fghanistan	
B b be	**B**elgien	
C c ce	**C**osta Rica	
D d de	**D**eutschland	
E e e	**E**ritrea	
F f ef	**F**rankreich	
G g ge	**G**hana	
H h ha	**H**onduras	

I i i	**I**talien
J j jot	**J**ordanien
K k ka	**K**enia
L l el	**L**ibanon
M m em	**M**ali
N n en	**N**orden
O o o	**O**sten
P p pe	**P**akistan
Q q qu	**Ä**quator
R r er	**R**umänien
S s es	**S**üden

T t te	**T**ogo
U u u	**U**kraine
V v vau	**V**ereinigte Staaten
W w we	**W**esten
X x iks	**X**anten
Y y ypsilon	S**y**rien
Z z zet	**Z**ypern
Ä ä ä	**Ä**thiopien
Ö ö ö	**Ö**sterreich
Ü ü ü	T**ü**rkei
ß (ss)	Stra**ß**e

Buchstabieren

Woher kommen Sie?

> Ich komme aus Deutschland. Und Sie? Woher kommen Sie?

Ich komme aus …

Buchstabieren Sie bitte!

> D – E – U – T – S – C –H – L – A – N – D

Entschuldigung, ich verstehe nicht! Bitte noch einmal!

> D – E – U – T – S – C –H – L – A – N – D

Danke!

Respekt

Guten Tag,
wie geht es Ihnen?

> Danke, gut.
> Und Ihnen?

Danke, gut.

> Auf Wiedersehen!

Auf Wiedersehen!

Wie heißen Sie?

> Ich heiße …
> Mein Name ist …
> Ich bin …

3 👁

4 👄 👥

Freunde

**Hallo,
wie geht es dir?**

> Danke, gut.
> Und dir?

Danke, gut.

> Tschüss!

Tschüss!

Wie heißt du?

> Ich heiße …
> Mein Name ist …
> Ich bin …

Marianne	Stegers
Vorname	Name

deutsch
Staatsangehörigkeit

32
Alter

Frankfurt   17.10.1983
Wohnort   Geburtsdatum

Frankfurt
Geburtsort

Geschlecht   männlich ☐   weiblich ☒

verheiratet
Familienstand

2
Kinder

Lehrerin
Beruf

Evangelisch
Religion

Amar	Nazemi
Vorname	Name

afghanisch

Staatsangehörigkeit

19
Alter

Frankfurt	23.11.1996
Wohnort	Geburtsdatum

Kabul (Afghanistan)
Geburtsort

Geschlecht   männlich ☒   weiblich ☐

ledig
Familienstand

—
Kinder

Metallbauer
Beruf

Islam
Religion

1

Brot

Cola

Fisch

Fleisch

Gemüse

Kaffee

Käse

Milch

Orangensaft

Reis

Tee

Wasser

Mahlzeiten

Frühstück:

 Ich esse Brot und Käse.
Ich trinke Kaffee. Und Sie?
Was essen Sie? Was trinken Sie?

Mittagessen:

 Ich esse Fleisch und Reis.
Ich trinke Wasser. Und Sie?
Was essen Sie? Was trinken Sie?

Abendessen:

 Ich esse Gemüse.
Ich trinke Tee. Und Sie?
Was essen Sie? Was trinken Sie?

 **Zahlen**

0 null		
1 eins	**11** elf	**21** einundzwanzig
2 zwei	**12** zwölf	**22** zweiundzwanzig
3 drei	**13** dreizehn	**23** dreiundzwanzig
4 vier	**14** vierzehn	**24** vierundzwanzig
5 fünf	**15** fünfzehn	**25** fünfundzwanzig
6 sechs	**16** sechzehn	**26** sechsundzwanzig
7 sieben	**17** siebzehn	**27** siebenundzwanzig
8 acht	**18** achtzehn	**28** achtundzwanzig
9 neun	**19** neunzehn	**29** neunundzwanzig
10 zehn	**20** zwanzig	**30** dreißig

Telefonnummer

Entschuldigung, wie ist Ihre Telefonnummer?

> Meine Telefon-nummer ist 0 174 / 3 42 89 61.

Ich verstehe nicht. Bitte noch einmal!

> Meine Telefon-nummer ist 0 174 / 3 42 89 61.

Vielen Dank!

> Bitte schön!

3 👁

Anrede: **Frau**

4 👄

Vorname und Nachname:
Michaela Dreyer

Straße und Hausnummer:
Schillerstraße 83

Postleitzahl und Wohnort:
30159 Hannover

Anrede: **Herr**

Vorname und Nachname:
Alex Makovic

Straße und Hausnummer:
Prinzenallee 173

Postleitzahl und Wohnort:
13357 Berlin

6 Geld

40
vierzig

53
dreiundfünfzig

67
siebenundsechzig

80
achtzig

90
neunzig

99
neunundneunzig

100
einhundert

106
einhundertsechs

172
einhundert-
zweiundsiebzig

200
zweihundert

250
zweihundertfünfzig

300
dreihundert

389
dreihundert-
neunundachtzig

512
fünfhundertzwölf

622
sechshundert-
zweiundzwanzig

1000
eintausend

1062
eintausend-
zweiundsechzig

1996
neunzehnhundert-
sechsundneunzig

2016
zweitausend-
sechzehn

6

Was kostet das?

    Das kostet 1,99 €.

    Das kostet 37,50 €.

    Das kostet 655,– €.

    Das kostet 0,70 €.

Preise

**Entschuldigung,
was kostet das?**

    Das kostet
    9 Euro 80.

**Oh, das ist teuer.
Und was kostet das?**

    Das kostet
    7 Euro 50.

**Das ist billig.
Das nehme ich!**

1

Markt

Ananas

Melone

Obst

Papaya

Pfirsich

Bäckerei

Brot

Brötchen

Fladenbrot

Verkäufer

Verkäuferin

Am Marktstand

Guten Tag!

> Guten Tag, ich möchte 4 Pfirsiche.

Sonst noch etwas?

> 2 Melonen, bitte.

Sonst noch etwas?

> Nein danke, das ist alles.

Das kostet 7 Euro.

> Bitte schön.

Danke schön.

> Auf Wiedersehen!

Auf Wiedersehen!

1

2

Bluse

Hemd

Hose

Jacke

Jeans

Kleid

Kopftuch

Pullover

Sandalen

Schuhe

Strümpfe

Tasche

3

Im Kaufhaus

Guten Tag.

    Ich brauche Schuhe.

Welche Größe?

    Größe 40.

Bitte, hier.

    Danke schön.
    Die Schuhe passen!
    Ich kaufe sie.

1

Wochentage

Montag

Dienstag

Mittwoch

Donnerstag

Freitag

Samstag

Sonntag

Gestern

Heute

Morgen

Vormittags

Nachmittags

Geöffnet oder geschlossen?

Entschuldigung, wann ist geöffnet?

> Von Montag bis Freitag.

Und Sonntag?

> Sonntag ist geschlossen!

Danke schön!

Entschuldigung, wann ist geöffnet?

> Von 9 bis 13 Uhr und von 14 bis 18 Uhr.

Danke schön!

1

Auto

Bahnhof

Fahrrad

Flughafen

Flugzeug

Fußgänger

Haltestelle

LKW

Motorrad

Straße

Zug

Am Bahnhof

Entschuldigung, ich möchte eine Fahrkarte nach Berlin.

        Hin und zurück?

Ja, bitte.

        Das kostet 75 Euro.

Bitte schön.

        Hier ist Ihre Fahrkarte. Gute Reise!

Danke schön!

Dänemark

Nordsee

Sylt

Ostsee

Fehmarn

Rügen

1

Flensburg

Kiel

Schleswig-
Holstein

Rostock

Mecklenburg-
Vorpommern

Helgoland
(zu Schleswig-Holstein)

Bremerhaven
(zu Bremen)

Hamburg

Schwerin

Stettin

Bremen

Hamburg

Groningen

Niederlande

Oldenburg

Bremen

Brandenburg

Polen

Zwolle

Niedersachsen

Hannover

Berlin

Berlin

Potsdam

Osnabrück

Braunschweig

Sachsen-

Cottbus

Münster

Nordrhein-

Magdeburg

Anhalt

Essen   Dortmund

Halle

Leipzig

Duisburg

Westfalen

Kassel

Dresden

Düsseldorf

Köln

Hessen

Erfurt

Jena

Sachsen

Chemnitz

Belgien

Gießen

Thüringen

Prag

Rheinland-
Pfalz

Wiesbaden   Frankfurt

Eger

Luxemburg

Mainz

Tschechische

Trier

Darmstadt

Würzburg

Bayreuth

Pilsen   Republik

Luxemburg

Saarland

Nürnberg

Saarbrücken

Metz

Bayern

Budweis

Karlsruhe

Baden-

Regensburg

Frankreich

Straßburg

Stuttgart

Tübingen

Augsburg

Linz

Epinal

Württemberg

Colmar

Freiburg

München

Salzburg

Belfort

Bodensee

Basel   Zürich

Bregenz

Schweiz

Vaduz
Liechtenstein

Innsbruck

Österreich

Italien

0   50   100   150 km

© westermann

2

Deutschland

Norden

Süden

Westen

Osten

Bundesland

Hauptstadt

Stadt

Dorf

Einwohner

Nachbarländer

3

Wie viele Einwohner hat Eritrea?
Wie viele Einwohner hat Deutschland?
Wie viele Einwohner hat …?

Wie heißt die Hauptstadt von Afghanistan?
Wie heißt die Hauptstadt von Syrien?
Wie heißt die Hauptstadt von …?

Wie viele Nachbarländer hat Mali?
Wie viele Nachbarländer hat Nigeria?
Wie viele Nachbarländer hat …?

Wo ist Hamburg?
Wo ist Köln?
Wo ist …?

In welchem Bundesland liegt München?
In welchem Bundesland liegt Stuttgart?
In welchem Bundesland liegt …?

12 Wohnen

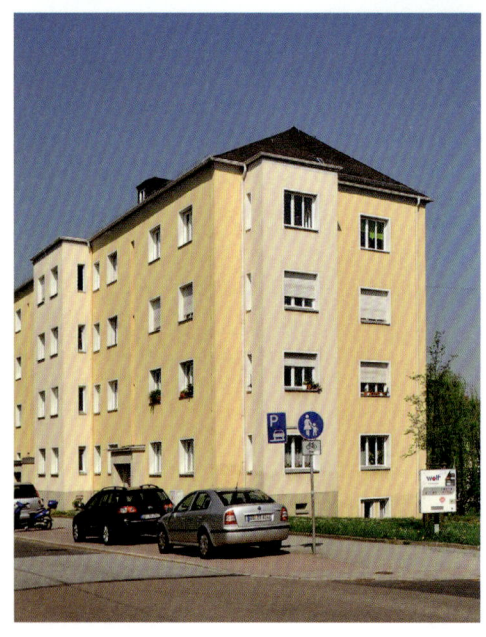

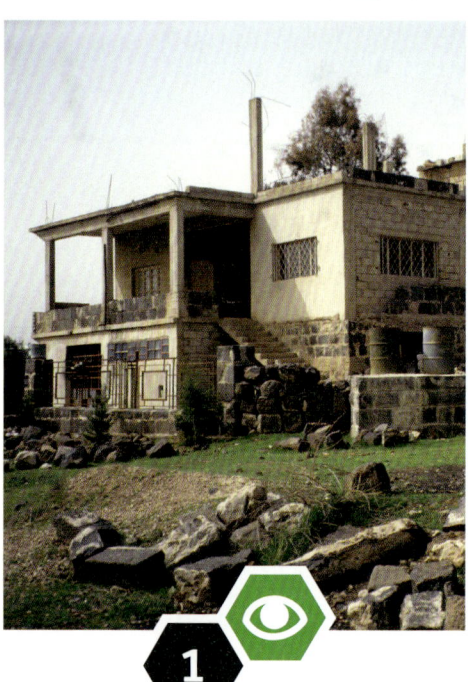

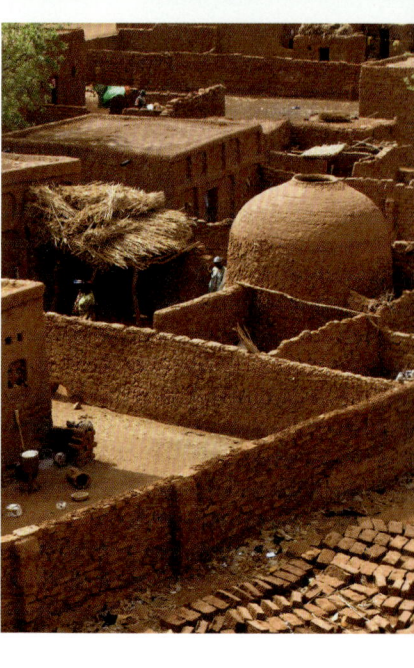

1

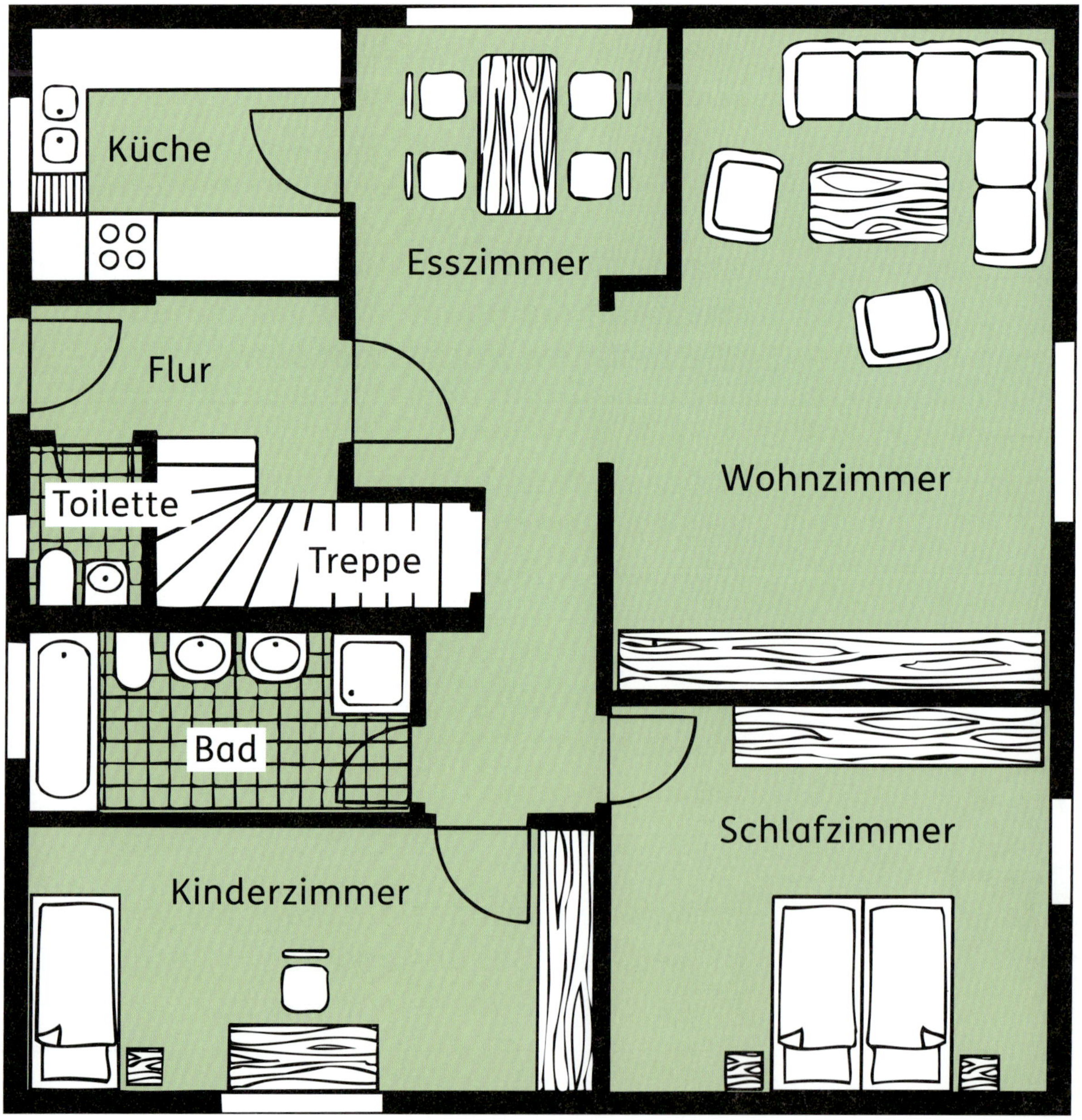
Küche
Esszimmer
Flur
Wohnzimmer
Toilette
Treppe
Bad
Schlafzimmer
Kinderzimmer

2

Bad

Balkon

Garten

Haus

Keller

Parkplatz

Schlafzimmer

Stockwerk

Toilette

Wohnung

Wohnzimmer

Zimmer

3

Wohnungssuche

Entschuldigung, ich suche eine Wohnung.

Wie viele Personen?

2 Erwachsene und 2 Kinder.

Hier ist eine 3-Zimmer-Wohnung.

Was kostet die Wohnung?

Die Wohnung kostet 700 Euro pro Monat, plus Nebenkosten.

1

2

Eltern

Mann

Frau

Vater

Mutter

Kind

Sohn

Tochter

Geschwister

Schwester

Bruder

3

Sind Sie verheiratet?

Ja, ich bin verheiratet.
Das ist meine Frau.
Das ist mein Mann.

Nein, ich bin ledig.

Haben Sie Kinder?

Ja, ich habe drei Kinder.
Zwei Söhne und eine Tochter.

Nein, ich habe keine Kinder.

Haben Sie Geschwister?

Ja, ich habe zwei Schwestern
und vier Brüder.

Nein, ich habe keine
Geschwister.

2

Apotheke

Arzt

Krankenhaus

Medikament

Notarzt

Patient

Krankheiten

Bauchschmerzen

Fieber

Husten

Kopfschmerzen

Schnupfen

3

Beim Arzt

Guten Tag. Was fehlt Ihnen?

> Ich bin krank. Ich habe Fieber und Bauchschmerzen.

Hier haben Sie Medikamente.

> Danke schön.
> Auf Wiedersehen!

Auf Wiedersehen und gute Besserung!

1

Monate

Januar

Februar

März

April

Mai

Juni

Juli

August

September

Oktober

November

Dezember

Wie ist das Wetter?

Es ist sonnig. Es ist wolkig.

Es ist kalt. Es schneit.

Es ist warm. Es ist trocken.

Es regnet. Es ist kühl.

Es ist windig. Es ist heiß.

Wie ist das Wetter in Somalia
im Januar?

Es ist …

Wie ist das Wetter in Deutschland
im Februar?

Es ist …

Wie ist das Wetter in …?

Es ist …

2

Agentur
für Arbeit

Apotheke

Bahnhof

Bushaltestelle

Krankenhaus

Park

Polizei

Post

Schule

Sozialamt

Supermarkt

U–Bahn

3

Entschuldigung,
wo ist die U–Bahn–Station?

　　　　Immer geradeaus und rechts.

Danke schön!

　　　　Bitte schön! Auf Wiedersehen.

Entschuldigung,
wo ist der Supermarkt?

　　　　Erste Straße rechts.

Vielen Dank!

　　　　Bitte schön! Auf Wiedersehen.

1

Berufe

Automechaniker

Fleischer

Lehrerin

Schneiderin

Architekt

Ärztin

Friseur

Koch

Maler

Metallbauer

Verkäufer

Der Automechaniker repariert Autos.

Der Fleischer schneidet Fleisch.

Die Lehrerin unterrichtet Kinder.

Die Schneiderin näht Kleider.

Arbeiten Sie?

Nein, ich arbeite nicht.
Ich suche Arbeit.

Haben Sie einen Beruf?

Ja, ich bin …

Schule

Klassenzimmer

Lehrer

Lehrerin

Schüler

Schülerin

Tafel

Unterricht

Schule

Guten Tag! Mein Kind möchte in die Schule gehen.

Sind Sie der Vater?

Ja, ich bin der Vater.

Wie alt ist Ihr Kind?

8 Jahre.

Die Schule beginnt nächste Woche.

4

Studium

5

Dozent

Dozentin

Sommersemester

Student

Studentin

Universität

Wintersemester

6

Präsens (heute)

Was studieren Sie?

Ich studiere Medizin.
Ich studiere nicht.

Perfekt (gestern)

Was haben Sie studiert?

Ich habe Medizin studiert.
Ich habe nicht studiert.

1

Ausbildungsberufe

Friseurin

Facharbeiter

Schreiner

Krankenschwester

Augenoptiker

Bäcker

Bankkauffrau

Busfahrer

Elektroniker

Hebamme

Koch

Ich möchte eine Ausbildung als Krankenschwester machen.

Sprechen Sie Deutsch?

Ich lerne gerade Deutsch.

Wie viele Jahre waren Sie in der Schule?

Ich war 9 Jahre in der Schule.

Wie alt sind Sie?

Ich bin 18 Jahre alt.

Gut. Die Ausbildung beginnt im September.

Danke schön! Auf Wiedersehen!

1

Musik hören

Karten spielen

Fahrrad fahren

Fußball spielen

Zu Hause bleiben

Freunde treffen

Respekt

Was machen Sie heute?

> Ich höre Musik.

Und Sie? Was machen Sie heute?

> Ich mache nichts.
> Ich bleibe zu Hause.

Freunde

Was machst du heute?

> Ich spiele Fußball.

Und du? Was machst du heute?

> Ich treffe Freunde.

1

2

Nomen

Fenster

Fernseher

Heizung

Kissen

Küche

Lampe

Regal

Sessel

Sofa

Stuhl

Teppich

Tisch

3

Artikel und Nomen

der Stuhl	**ein** Stuhl	**kein** Stuhl
der Tisch	**ein** Tisch	**kein** Tisch
der Sessel	**ein** Sessel	**kein** Sessel

die Lampe	**eine** Lampe	**keine** Lampe
die Heizung	**eine** Heizung	**keine** Heizung
die Küche	**eine** Küche	**keine** Küche

das Fenster	**ein** Fenster	**kein** Fenster
das Regal	**ein** Regal	**kein** Regal
das Kissen	**ein** Kissen	**kein** Kissen

4

Was **ist das?**

Das ist **ein** Tisch.

Ist das ein Tisch?

Nein, das ist **kein** Tisch. Das ist **ein** Stuhl.

1

Infinitiv

spielen

schwimmen

arbeiten

besuchen

telefonieren

kochen

lesen

lernen

essen

fahren

gehen

trinken

Sätze

Die Kinder spiel**en** Computer.

Die Männer spiel**en** Fußball.

Die Kinder schwimm**en**.

Die Männer arbeit**en**.

Der Mann besuch**t** einen Freund.

Die Frau telefonier**t**.

Die Frau koch**t**.

Die Frau lies**t** ein Buch.

Die Frau lern**t** Deutsch.

Und Sie? Was machen Sie heute?

Ich telefonier**e**.
Ich ...

1

2

Personalpronomen

ich

du

er

sie

es

wir

ihr

sie

Sie

3

Konjugation

Ich wohn**e** in München.
Du wohn**st** in Berlin.

Er wohn**t** in Köln.
Sie wohn**t** in Hamburg.
Es wohn**t** in Stuttgart.

Wir wohn**en** in Frankfurt.
Ihr wohn**t** in Dortmund.
Sie wohn**en** in Hannover.

4

Wo wohn**en** **Sie**?
Ich wohn**e** in …

Wo wohn**st** **du**?
Ich wohn**e** in …

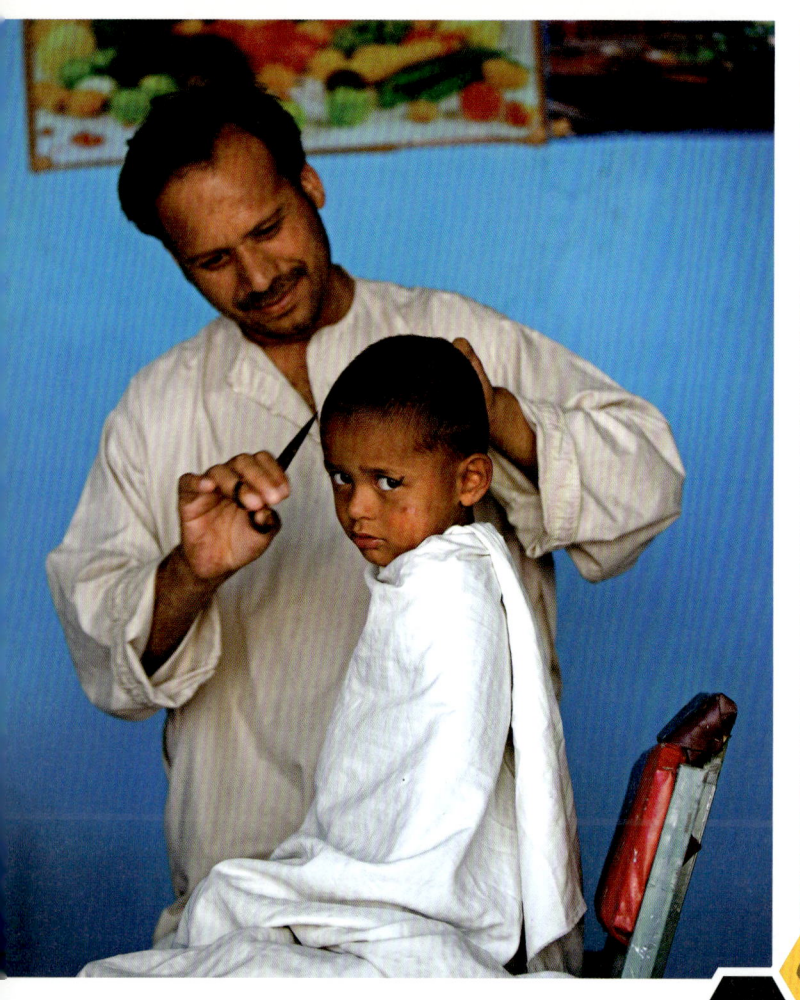

1

2

arbeiten

Bahnhof

Fahrrad

fahren

Frau

Friseur

kaputt

Kind

Mann

pünktlich

putzen

Straße

Zimmer

3

Arbeiten Sie?

Ja, ich arbeite.

Nein, ich arbeite **nicht**.

Putzen Sie?

Ja, ich putze.

Nein, ich putze **nicht**.

Ist der Zug pünktlich?

Ja, der Zug ist pünktlich.

Nein, der Zug ist **nicht** pünktlich.

Ist das Fahrrad kaputt?

Ja, das Fahrrad ist kaputt.

Nein, das Fahrrad ist **nicht** kaputt.

4

Und Sie?

Arbeiten Sie?

1

haben

ich **habe**

du **hast**

er **hat**

sie **hat**

es **hat**

wir **haben**

ihr **habt**

sie **haben**

Sie **haben**

Ich **habe** einen Hund.

Ich **habe** Kinder.

Ich **habe** ein Auto.

Ich **habe** ein Handy.

Und Sie?

Und Sie? Haben Sie ein Handy?

   Ja, ich habe ein Handy.

   Nein, ich habe **kein** Handy.

Haben Sie …?

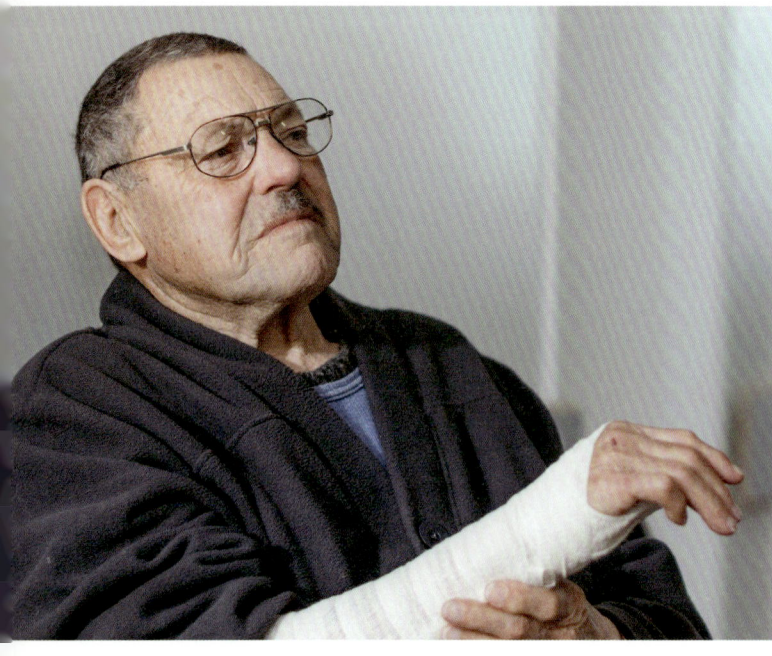

1

Adjektive

alt

glücklich

groß

hübsch

jung

klein

krank

müde

traurig

wütend

sein

Ich **bin** groß.

Du **bist** groß.

Er **ist** groß.

Sie **ist** groß.

Es **ist** groß.

Wir **sind** groß.

Ihr **seid** groß.

Sie **sind** groß.

Sie **sind** groß.

Ist der Mann groß?

    Ja, er ist groß.

    Nein, er **ist nicht** groß. Er **ist** klein.

1

2

Wer?

Was?

Wann?

Wo?

Woher?

Wohin?

3

Wer ist das?

Das ist eine Frau.

Was ist das?

Das ist ein Jeep.

Wann kommt das Fußballspiel?

Um 20 Uhr.

Wo wohnt die Frau?

Die Frau wohnt in Asmara.

Woher kommt der Mann?

Der Mann kommt aus Syrien.

Wohin gehen die Kinder?

Die Kinder gehen nach Hause.

4

Und Sie?

Woher kommen Sie?

Wo wohnen Sie?

Wohin gehen Sie?

1

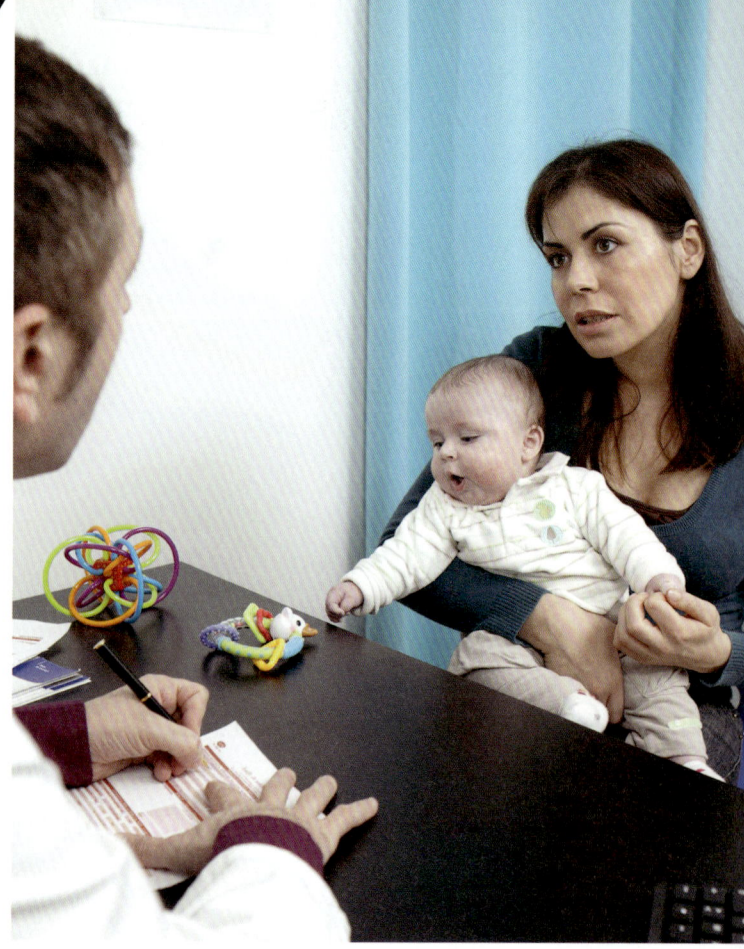

2

Lokale Präpositionen

Ich komme
aus Griechenland.

Ich wohne
in Mangolding.

Ich fahre **nach** Berlin.

Ich gehe **zum** Arzt.

METZINGEN

Abfahrt

3

Und Sie?

Woher kommen Sie?
Wo wohnen Sie?
Wohin fahren Sie?
Wohin gehen Sie?

5

Temporale Präpositionen

Es ist halb drei.

Es ist Viertel **vor** drei.

Es ist drei Uhr.

Es ist Viertel **nach** vier.

Ich komme **um** fünf Uhr.

Ich komme **am** Samstag.

Frühstück ist **von** acht Uhr
bis neun Uhr.

Bildnachweis:

Alle Landkarten: Bildungshaus Schulbuchverlage Westermann Schroedel Diesterweg Schöningh Winklers GmbH, Braunschweig; *Bilder:* S. 4: dpa picture alliance / Westend61; S. 10–11: dpa picture alliance / Westend61, dpa picture alliance / Godong, dpa picture alliance / Cultura / Image Source, dpa picture alliance / Fazry Ismail; S. 12–13: dpa picture alliance / Westend 61, dpa picture alliance / Ulrich Baumgarten; S. 14–15: dpa picture alliance / ZB, dpa picture alliance / AP Photo, shutterstock (7), dpa picture alliance / Westend 61; S. 16–17: dpa picture alliance / Westend 61, dpa picture alliance / SZ Zeitung, dpa picture alliance / Gregor Fischer; S. 18–19: dpa picture alliance / Westend 61, dpa picture alliance / Becker Bredel, dpa picture alliance / Bildagentur-online; S. 20–21: dpa picture alliance / Robertodiaz, dpa picture alliance / Frank May, dpa picture alliance / ZB, dpa picture alliance / Photoshot, istockphoto; S. 22–23: dpa picture alliance / Westend 61, dpa picture alliance / africamediaonline, dpa picture alliance / Inga Kier, dpa picture alliance / Anne-Beatrice Clasmann, dpa picture alliance / Bildagentur – online / Tetra Images; S. 24–25: dpa picture alliance / Ulrich Baumgarten, dpa picture alliance / Chuck Liddy, dpa picture alliance / Julian Stratenschulte, dpa picture alliance / Tone Koene, dpa picture alliance / ZB; S. 26–27: dpa picture alliance / ZB, dpa picture alliance / S. Sabawoon, dpa picture alliance / Westend 61, dpa picture alliance / epa / afp / Jimin Lai, dpa picture alliance / Themendienst; S. 29: Arndt Knieper; S. 30–31: dpa picture alliance / Bildagentur-online, dpa picture alliance / Bibliographisches Institut / Prof. Dr. H. Wilhelmy, dpa picture alliance / Axiom Photographic, dpa picture alliance / Jens Büttner; S. 32–33: dpa picture alliance / Martin Athenstädt, dpa picture alliance / Godong, dpa picture alliance / Westend 61 (2), dpa picture alliance / Jane Sweeney / Robertharding; S. 34–35: dpa picture alliance / ZB, dpa picture alliance, dpa picture alliance / Tone Koene, dpa picture alliance / Wavebreak Media LTD; S. 36–37: dpa picture alliance / AP Photo, dpa picture alliance / Sodapix AG, dpa picture alliance / Nicolas Armer, dpa picture alliance / Rahat Dar, dpa picture alliance / prisma; S. 39: dpa picture alliance / Westend 61; S. 40–41: dpa picture alliance / Westend 61, dpa picture alliance / Bildagentur-online, dpa picture alliance / Tone Koene, dpa picture alliance / photoshot, dpa picture alliance / Stefan Puchner; S. 42–43: dpa picture alliance / Ulrich Baumgarten, dpa picture alliance / Godong, dpa picture alliance / SZ Photo, dpa picture alliance / Jalil Rezayee; S. 44–45: dpa picture alliance / Hendrik Schmidt, dpa picture alliance / Blickwinkel / Blinkcatcher, dpa picture alliance / Ulrich Baumgarten, dpa picture alliance / Marcel Mettensiefen, Bundesagentur für Arbeit pr; S. 46–47: dpa picture alliance / Westend 61, dpa picture alliance / Rolf Wilms, dpa picture alliance / Blickwinkel / Ziese, dpa picture alliance / Blickwinkel / W.G. Allgoewer, dpa picture alliance / Westend 61; S. 48: dpa picture alliance / Westend 61, dpa picture alliance / africamediaonline, dpa picture alliance / Westend 61, dpa picture alliance / Tom Koene; S. 50: dpa picture alliance / Godong, dpa picture alliance / chromorange, dpa picture alliance / Joker, dpa picture alliance / Markus Scholz, dpa picture alliance / Ali Haider, dpa picture alliance / Cultura / Image Source, dpa picture alliance / Bildagentur-online / Schickert, dpa picture alliance / Westend 61, dpa picture alliance / Tass Uzakov Sergei; S. 52: dpa picture alliance / Westend 61, dpa picture alliance / Westend 61, dpa picture alliance / Westend 61, dpa picture alliance / Westend 61, dpa picture alliance / Westend 61, dpa picture alliance / Image Source / Sue Barr, dpa picture alliance / Ulrich Baumgarten, dpa picture alliance / Bildagentur-online / tetra; S. 54: dpa picture alliance / Sodapix AG, dpa picture alliance / Kai Remmers, dpa picture alliance / Westend 61, dpa picture alliance / Westend 61; S. 56: dpa picture alliance / Cultura / Image Source, dpa picture alliance / africamediaonline, dpa picture alliance / Friso Gentsch, dpa picture alliance / Westend 61; S. 58: dpa picture alliance / Westend 61, dpa picture alliance / Westend 61, dpa picture alliance / Citypress 24, dpa picture alliance / Blickwinkel, dpa picture alliance / Westend 61, dpa picture alliance / Patrick Pieul; S. 60: dpa picture alliance / Westend 61, dpa picture alliance / ZB, dpa picture alliance / Westend 61, dpa picture alliance / Andrew McConnell / robertharding, dpa picture alliance / Ina Fassbender, dpa picture alliance / ZB; S. 62–63: dpa picture alliance / Holger Hollemann, dpa picture alliance / Armin Weigel, dpa picture alliance / Cultura RM, dpa picture alliance / Chromorange, dpa picture alliance / Jan Woltas, dpa picture alliance / Baumgarten (2), dpa picture alliance / Blickwinkel.